Colossians: A Biblical Greek Visual Reader
CC0 2024 by Sawyer Moranville
Published by Lingua Deo Gloria Publishing
Collegeville, PA 19426

I0559157

For the free PDF please visit LinguaDeoGloria.com
Full text taken from OpenGNT.com

Cover Design and Book Formatting: Sawyer and Kara Moranville
Illustrations: Generated by Adobe Photoshop AI and ChatGPT 4o

Lingua Deo Gloria Publishing
ISBN: 979-8-9900032-2-4

BRIEF LIST OF ABBREVIATIONS AND MARKS

TENSE	_VOICE_	_PERSON_
PRES = Present	ACT = Active	1 = First Person
IMPF = Imperfect	MID = Middle	2 = Second Person
AOR = Aorist	PASS = Passive	3 = Third Person
FUT = Future		
PERF = Perfect	_MOOD_	_NUMBER_
PLPF = Pluperfect	IND = Indicative	s = Singular
	SUB = Subjunctive	P = Plural
	IMPV = Imperative	
	INF = Infinitive	
	OPT = Optative	

Two opposite things (◄──►)
A command (!)
A word is derived from another similar word (>)

PARSING INFORMATION AND FOOTNOTES

Every word that appeared in the Greek New Testament (GNT) less than fifty times is placed at the bottom of the page in a footnote. Verbs appear with their corresponding infinitive forms. Simple, uncontextual glosses and parsing of verbs and participles (Tense, Voice, Mood, Person, Number) were also provided to aid student learning and comprehension. Nouns and adjectives are left unparsed, yet their nominative, singular forms were provided with a corresponding gloss.

NOTE ON ILLUSTRATIONS IN TEXT

Often the illustrations directly correlate to their vocabulary words without ambiguity. However, if an abstract or difficult word appeared in the text but the corresponding graphic could be interpreted by the user in multiple ways, I placed the definition in the footnotes for complete clarity, so that the reader would not have to guess the definition. Because images can often be interepreted in many ways, please consult the lexicon to help grasp the true intent behind the illustrations.

PICTURE DICTIONARY AND GLOSSARY

Any word that could be expressed in image form, regardless of how often it occurs in the GNT, appears in the picture dictionary even if it did not appear in the in-text footnotes. Furthermore, only words that occur less than fifty times in the GNT will be found in the glossary at the end of this work.

ACKNOWLEDGEMENTS

Thanks to Ezra Morley who provided technical help with book formatting. Also for writing a script to help me systematize some work in the production of this book to make it easier and less time-consuming. Your help was truly a gift of God and saved me many hours of needless work.

Thank you Andrew Case for being the the first person to suggest to me that quality biblical language materials should be given freely to the world, to reflect the character of a gracious God and to serve the Church of Jesus Christ - and especially for those in parts of the world who cannot afford quality Bible study materials and are blocked out by paywalls and copyrights. You are among a small tribe who believe such practices should be common practice in ministry.

Thank you, Kara. I praise you for all your support. Our children will rise up and call you blessed (Proverbs 31:28). Without you, none of these projects that I spend endless hours on would have come to fruition.

To God, who in His kindness has helped me to complete this project in a year filled with a cancer diagnosis, treatment and many family ailments.

ΠΡΟΣ ΚΟΛΑΣΣΑΕΙΣ

1 Παῦλος ἀπόστολος Χριστοῦ Ἰησοῦ διὰ θελήματος Θεοῦ καὶ Τιμόθεος[1] ὁ ἀδελφὸς 2 τοῖς ἐν Κολοσσαῖς[2] ἁγίοις καὶ πιστοῖς ἀδελφοῖς ἐν Χριστῷ, χάρις ὑμῖν καὶ εἰρήνη ἀπὸ Θεοῦ Πατρὸς ἡμῶν.

3 Εὐχαριστοῦμεν[3] τῷ Θεῷ Πατρὶ τοῦ Κυρίου ἡμῶν Ἰησοῦ Χριστοῦ πάντοτε[4] περὶ ὑμῶν προσευχόμενοι, 4 ἀκούσαντες τὴν πίστιν ὑμῶν ἐν Χριστῷ Ἰησοῦ καὶ τὴν ἀγάπην ἣν ἔχετε εἰς πάντας τοὺς ἁγίους 5 διὰ τὴν ἐλπίδα τὴν ἀποκειμένην[5] ὑμῖν ἐν τοῖς οὐρανοῖς, ἣν προηκούσατε[6] ἐν τῷ λόγῳ τῆς ἀληθείας τοῦ εὐαγγελίου 6 τοῦ παρόντος[7] εἰς ὑμᾶς, καθὼς καὶ ἐν παντὶ τῷ κόσμῳ ἐστὶν καρποφορούμενον[8] καὶ αὐξανόμενον[9] καθὼς καὶ ἐν ὑμῖν, ἀφ᾽ ἧς ἡμέρας ἠκούσατε καὶ ἐπέγνωτε[10] τὴν

προσεύχεσθαι

εὐχαριστεῖν + DAT:
Εὐχαριστοῦμεν τῷ Θεῷ

ἀπόκεισθαι

καρποφορεῖσθαι

αὐξάνεσθαι

---

1 Τιμόθεος, Timothy
2 Κολοσσαί, Colossae
3 εὐχαριστεῖν, PRES ACT IND 1P, give thanks
4 πάντοτε, always
5 ἀπόκεισθαι, PRES PASS PART ACC F S, to reserve (a valuable object)
6 προακοῦσαι, AOR ACT IND 2P, hear beforehand
7 παρεῖναι, PRES ACT PART GEN N S, be present
8 καρποφορεῖσθαι, PRES MID PART NOM N S, bear fruit
9 αὐξάνεσθαι, PRES PASS PART NOM S N, grow/increase
10 ἐπιγνῶναι, AOR ACT IND 2P, know

σύνδουλος

ὅς: Ἐπαφρᾶς

χάριν τοῦ Θεοῦ ἐν ἀληθείᾳ· 7 καθὼς ἐμάθετε[1] ἀπὸ Ἐπαφρᾶ[2] τοῦ ἀγαπητοῦ συνδούλου[3] ἡμῶν, ὅς ἐστιν πιστὸς ὑπὲρ ἡμῶν διάκονος[4] τοῦ Χριστοῦ, 8 ὁ καὶ δηλώσας[5] ἡμῖν τὴν ὑμῶν ἀγάπην ἐν Πνεύματι.

μαθεῖν

αἰτεῖσθαι

ἵνα + SUB:
ἵνα πληρωθῆτε

περιπατῆσαι:
INF of purpose

9 Διὰ τοῦτο καὶ ἡμεῖς, ἀφ᾽ ἧς ἡμέρας ἠκούσαμεν, οὐ παυόμεθα[6] ὑπὲρ ὑμῶν προσευχόμενοι καὶ αἰτούμενοι, ἵνα πληρωθῆτε τὴν ἐπίγνωσιν[7] τοῦ θελήματος αὐτοῦ ἐν πάσῃ σοφίᾳ καὶ συνέσει[8] πνευματικῇ,[9] 10 περιπατῆσαι ἀξίως[10] τοῦ Κυρίου εἰς πᾶσαν ἀρεσκείαν,[11] ἐν παντὶ ἔργῳ ἀγαθῷ καρποφοροῦντες καὶ αὐξανόμενοι τῇ ἐπιγνώσει τοῦ Θεοῦ, 11 ἐν πάσῃ δυνάμει δυναμούμενοι[12] κατὰ

1 μαθεῖν, AOR ACT IND 2P, learn
2 Ἐπαφρᾶς, Epaphras
3 σύνδουλος, fellow slave
4 διάκονος, servant
5 δηλῶσαι, AOR ACT PART NOM M S, reveal
6 παύεσθαι, PRES MID IND 1P, cease/stop
7 ἐπίγνωσις, knowledge
8 σύνεσις, insight/understanding
9 πνευματικός, spiritual
10 ἀξίως, worthily
11 ἀρεσκεία, pleasing
12 δυναμοῦσθαι, PRES PASS PART NOM M P, enable

τὸ κράτος[1] τῆς δόξης αὐτοῦ εἰς πᾶσαν ὑπομονὴν[2] καὶ μακροθυμίαν[3] μετὰ χαρᾶς.

12 Εὐχαριστοῦντες τῷ Πατρὶ τῷ ἱκανώσαντι[4] ὑμᾶς εἰς τὴν μερίδα[5] τοῦ κλήρου[6] τῶν ἁγίων ἐν τῷ φωτί· 13 ὃς ἐρρύσατο[7] ἡμᾶς ἐκ τῆς ἐξουσίας τοῦ σκότους[8] καὶ

ἐρρύσατο

μετέστησεν[9] εἰς τὴν βασιλείαν τοῦ Υἱοῦ τῆς ἀγάπης αὐτοῦ, 14 ἐν ᾧ ἔχομεν τὴν ἀπολύτρωσιν,[10] τὴν ἄφεσιν[11] τῶν ἁμαρτιῶν·

15 Ὅς ἐστιν εἰκὼν[12] τοῦ Θεοῦ τοῦ ἀοράτου,[13]

κράτος

ὅς: πατήρ
ᾧ: υἱός

φῶς ⟷ σκότος

βασιλεία

Ὅς: υἱός

εἰκών

---

1 κράτος, might
2 ὑπομονή, steadfastness
3 μακροθυμία, patience
4 ἱκανῶσαι, AOR ACT PART DAT M S, qualify, make sufficient
5 μερίς, share, portion
6 κλῆρος, portion, share
7 ῥύσασθαι, AOR MID IND 3s to rescue, deliver
8 σκότος, darkness
9 μεταστῆσαι, AOR ACT IND 3s, remove
10 ἀπολύτρωσις, redemption
11 ἄφεσις, forgiveness/pardon
12 εἰκών, image
13 ἀόρατος, invisible/unseen

άόρατος ←→
όρατός

θρόνος

εἴτε... εἴτε...

κεφαλὴ

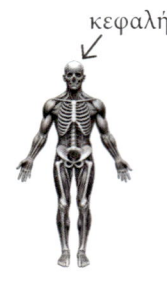

σῶμα

πρωτότοκος[1] πάσης κτίσεως,[2]

16 ὅτι ἐν αὐτῷ ἐκτίσθη[3] τὰ πάντα

ἐν τοῖς οὐρανοῖς καὶ ἐπὶ τῆς γῆς,

τὰ ὁρατὰ[4] καὶ τὰ ἀόρατα,

εἴτε θρόνοι εἴτε κυριότητες[5]

εἴτε ἀρχαὶ εἴτε ἐξουσίαι·

τὰ πάντα δι᾽ αὐτοῦ καὶ εἰς αὐτὸν ἔκτισται·

17 Καὶ αὐτός ἐστιν πρὸ[6] πάντων

καὶ τὰ πάντα ἐν αὐτῷ συνέστηκεν,[7]

18 καὶ αὐτός ἐστιν ἡ κεφαλὴ τοῦ σώματος τῆς

    ἐκκλησίας·

ὅς ἐστιν ἀρχή, πρωτότοκος[8] ἐκ τῶν νεκρῶν,

ἵνα γένηται ἐν πᾶσιν αὐτὸς πρωτεύων,[9]

19 ὅτι ἐν αὐτῷ εὐδόκησεν[10] πᾶν τὸ πλήρωμα[11]

    κατοικῆσαι[12]

νεκρός

1 πρωτότοκος, firstborn
2 κτίσις, creation
3 κτισθῆναι, AOR PASS IND 3S, create
4 ὁρατός, visible
5 κυριότης, lordship/authority/dominion
6 πρό, before
7 συνεστάναι, PERF ACT IND 3S, endure, hold together
8 πρωτότοκος, firstborn
9 πρωτεύειν, PRES ACT PART NOM M S, be first
10 εὐδόκησαι, AOR ACT IND 3S, be pleased
11 πλήρωμα, fullness
12 κατοικῆσαι, AOR ACT INF, dwell/live

4

20 καὶ δι᾽ αὐτοῦ ἀποκαταλλάξαι[1] τὰ πάντα εἰς αὐτόν,

εἰρηνοποιήσας[2] διὰ τοῦ αἵματος τοῦ σταυροῦ[3] αὐτοῦ,

δι᾽ αὐτοῦ εἴτε τὰ ἐπὶ τῆς γῆς εἴτε τὰ ἐν τοῖς οὐρανοῖς.

αἷμα

ποτε... νυνὶ δὲ

21 Καὶ ὑμᾶς ποτε[4] ὄντας ἀπηλλοτριωμένους[5] καὶ ἐχθροὺς[6] τῇ διανοίᾳ[7] ἐν τοῖς ἔργοις τοῖς πονηροῖς, 22 νυνὶ[8] δὲ ἀποκατήλλαξεν ἐν τῷ σώματι τῆς σαρκὸς

σταυρός

ἐχθρός

ἀποκαταλλάξαι

ἐχθρός

ἀπηλλοτρίωσθαι

Adverbial temporal construction:
ὑμᾶς ποτε ὄντας ἀπηλλοτριωμένους καὶ ἐχθροὺς

αὐτοῦ διὰ τοῦ θανάτου παραστῆσαι[9] ὑμᾶς ἁγίους καὶ ἀμώμους[10] καὶ ἀνεγκλήτους[11] κατενώπιον[12] αὐτοῦ, 23 εἴ

---

1 ἀποκαταλλάξαι, AOR ACT INF, reconcile
2 εἰρηνοποιῆσαι, AOR ACT PART NOM M S, make peace
3 σταυρός, cross
4 ποτέ, once/formerly
5 ἀπηλλοτρίωσθαι, PERF PASS PART ACC M S, alienate/estrange
6 ἐχθρός, enemy
7 διάνοια, mind/disposition
8 νυνί, now
9 παραστῆσαι, AOR ACT INF, (to) present
10 ἄμωμος, blameless
11 ἀνέγκλητος, above reproach/blameless
12 κατενώπιον (+ GEN), before (in front of)

μὴ instead of οὐ with PART

οὗ: τοῦ εὐαγγελίου

ἀνταναπληροῦν

ἀποκεκρύφθαι ◄─► φανερωθῆναι

γε[1] ἐπιμένετε[2] τῇ πίστει τεθεμελιωμένοι[3] καὶ ἑδραῖοι[4] καὶ μὴ μετακινούμενοι[5] ἀπὸ τῆς ἐλπίδος τοῦ εὐαγγελίου οὗ ἠκούσατε, τοῦ κηρυχθέντος ἐν πάσῃ κτίσει τῇ ὑπὸ τὸν οὐρανόν, οὗ ἐγενόμην ἐγὼ Παῦλος διάκονος.

24 Νῦν χαίρω ἐν τοῖς παθήμασιν[6] ὑπὲρ ὑμῶν καὶ ἀνταναπληρῶ[7] τὰ ὑστερήματα[8] τῶν θλίψεων[9] τοῦ Χριστοῦ ἐν τῇ σαρκί μου ὑπὲρ τοῦ σώματος αὐτοῦ, ὅ ἐστιν ἡ ἐκκλησία, 25 ἧς ἐγενόμην ἐγὼ διάκονος κατὰ τὴν οἰκονομίαν[10] τοῦ Θεοῦ τὴν δοθεῖσάν μοι εἰς ὑμᾶς πληρῶσαι τὸν λόγον τοῦ Θεοῦ, 26 τὸ μυστήριον[11] τὸ ἀποκεκρυμμένον[12] ἀπὸ τῶν αἰώνων καὶ ἀπὸ τῶν γενεῶν[13]— νῦν δὲ ἐφανερώθη[14] τοῖς ἁγίοις αὐτοῦ, 27

φανερωθῆναι

---

1 γέ, indeed
2 ἐπιμένειν, PRES ACT IND 2P, remain/stay
3 τεθεμελίσθαι, PERF PASS PART NOM M P, establish
4 ἑδραῖος, firm/steadfast
5 μετακινεῖσθαι, PRES PASS PART NOM M P, shift/remove
6 πάθημα, suffering
7 ἀνταναπληροῦν, PRES ACT IND 1S, fill up/supplement
8 ὑστέρημα, lack
9 θλῖψις, affliction
10 οἰκονομία, stewardship/administration
11 μυστήριον, mystery
12 ἀποκεκρύφθαι, PERF PASS PART ACC N S, hide
13 γενεά, generation
14 φανερωθῆναι, AOR PASS IND 3S, reveal/make known

οἷς ἠθέλησεν ὁ Θεὸς γνωρίσαι[1] τί τὸ πλοῦτος[2] τῆς δόξης τοῦ μυστηρίου τούτου ἐν τοῖς ἔθνεσιν, ὅ ἐστιν Χριστὸς ἐν ὑμῖν, ἡ ἐλπὶς τῆς δόξης· 28 ὃν ἡμεῖς καταγγέλλομεν[3] νουθετοῦντες[4] πάντα ἄνθρωπον καὶ διδάσκοντες πάντα ἄνθρωπον ἐν πάσῃ σοφίᾳ, ἵνα παραστήσωμεν πάντα ἄνθρωπον τέλειον[5] ἐν Χριστῷ· 29 Εἰς ὃ καὶ κοπιῶ[6] ἀγωνιζόμενος[7] κατὰ τὴν ἐνέργειαν[8] αὐτοῦ τὴν ἐνεργουμένην[9] ἐν ἐμοὶ ἐν δυνάμει.

οἷς: ἁγίοις

πλοῦτος: θησαυρός

καταγγέλλειν

κοπιᾶν

νουθετεῖν

2 Θέλω γὰρ ὑμᾶς εἰδέναι ἡλίκον[10] ἀγῶνα[11] ἔχω ὑπὲρ ὑμῶν καὶ τῶν ἐν Λαοδικείᾳ[12] καὶ ὅσοι οὐχ ἑόρακαν τὸ πρόσωπόν μου ἐν σαρκί, 2 ἵνα παρακληθῶσιν αἱ καρδίαι

Θέλω + (ACC + INF)
Θέλω ὑμᾶς εἰδέναι

ἀγωνίζεσθαι > ἀγών

---

1 γνωρίσαι, AOR ACT INF, to make known
2 πλοῦτος, wealth/riches
3 καταγγέλλειν, PRES ACT IND 1P, proclaim
4 νουθετεῖν, PRES ACT PART NOM M P, admonish/instruct
5 τέλειος, perfect/complete
6 κοπιᾶν, PRES ACT IND 1S, toil/labor
7 ἀγωνίζεσθαι, PRES MID PART NOM M S, struggle/fight
8 ἐνέργεια, working
9 ἐνεργεῖσθαι, PRES MID PART ACC F S, work/be at work
10 ἡλίκος, how great
11 ἀγών, struggle/fight
12 Λαοδίκεια, Laodicea

μηδεὶς + SUB
οὐδεὶς + IND

ἐρριζῶσθαι

περιπατεῖτε!

αὐτῶν συμβιβασθέντες[1] ἐν ἀγάπῃ καὶ εἰς πᾶν πλοῦτος τῆς πληροφορίας[2] τῆς συνέσεως, εἰς ἐπίγνωσιν τοῦ μυστηρίου τοῦ Θεοῦ, Χριστοῦ, 3 ἐν ᾧ εἰσιν πάντες οἱ θησαυροὶ[3] τῆς σοφίας καὶ γνώσεως[4] ἀπόκρυφοι.[5] 4 Τοῦτο λέγω, ἵνα μηδεὶς ὑμᾶς παραλογίζηται[6] ἐν πιθανολογίᾳ.[7] 5 εἰ γὰρ καὶ τῇ σαρκὶ ἄπειμι,[8] ἀλλὰ τῷ πνεύματι σὺν ὑμῖν εἰμι, χαίρων καὶ βλέπων ὑμῶν τὴν τάξιν[9] καὶ τὸ στερέωμα[10] τῆς εἰς Χριστὸν πίστεως ὑμῶν.

6 Ὡς οὖν παρελάβετε[11] τὸν Χριστὸν Ἰησοῦν τὸν Κύριον, ἐν αὐτῷ περιπατεῖτε, 7 ἐρριζωμένοι[12] καὶ ἐποικοδομού-μενοι[13] ἐν αὐτῷ καὶ βεβαιούμενοι[14] τῇ πίστει καθὼς

ἐποικοδομεῖσθαι

---

1 συμβιβασθῆναι, AOR PASS PART NOM M S, unite/hold together
2 πληροφορία, full assurance/certainty
3 θησαυρός, treasure
4 γνῶσις, knowledge
5 ἀπόκρυφος, hidden
6 παραλογίζεσθαι, PRES MID SUB 3S, deceive/delude
7 πιθανολογία, persuasive speech
8 ἀπεῖναι, PRES ACT IND 1S, be absent
9 τάξις, order
10 στερέωμα, steadfastness
11 παραλαβεῖν, AOR ACT IND 2S, receive/take
12 ἐρριζῶσθαι, PERF PASS PART NOM M P, be firmly rooted
13 ἐποικοδομεῖσθαι, PERF PASS PART NOM M P, be built up/edify
14 βεβαιοῦσθαι, PERF PASS PART NOM M P, establish

ἐδιδάχθητε, περισσεύοντες[1] ἐν εὐχαριστίᾳ.[2] 8 Βλέπετε μή τις ὑμᾶς ἔσται ὁ συλαγωγῶν[3] διὰ τῆς φιλοσοφίας[4] καὶ κενῆς[5] ἀπάτης[6] κατὰ τὴν παράδοσιν[7] τῶν ἀνθρώπων,

συλαγωγεῖν

κατὰ τὰ στοιχεῖα[8] τοῦ κόσμου καὶ οὐ κατὰ Χριστόν· 9 ὅτι ἐν αὐτῷ κατοικεῖ πᾶν τὸ πλήρωμα τῆς Θεότητος[9] σωματικῶς,[10] 10 καὶ ἐστὲ ἐν αὐτῷ πεπληρωμένοι, ὅς ἐστιν ἡ κεφαλὴ πάσης ἀρχῆς καὶ ἐξουσίας. 11 ἐν ᾧ καὶ περιετμήθητε[11] περιτομῇ[12] ἀχειροποιήτῳ[13] ἐν τῇ ἀπεκδύσει[14] τοῦ σώματος τῆς σαρκός, ἐν τῇ περιτομῇ τοῦ Χριστοῦ, 12 συνταφέντες[15] αὐτῷ ἐν τῷ βαπτισμῷ,[16]

---

1 περισσεύειν, PRES ACT PART NOM M P, abound
2 εὐχαριστία, thanksgiving/thankfulness
3 συλαγωγεῖν, PRES ACT PART NOM M S, take captive
4 φιλοσοφία, philosophy
5 κενός, empty/vain
6 ἀπάτη, deception/deceitfulness
7 παράδοσις, tradition
8 στοιχεῖον, elements/elemental spirits
9 θεότης, deity
10 σωματικῶς, bodily
11 περιτμηθῆναι, AOR PASS IND 2P, circumcise
12 περιτομή, circumcision
13 ἀχειροποίητος, not made by hand
14 ἀπέκδυσις, removal/stripping off
15 συνταφῆναι, AOR PASS PART NOM M P, bury with
16 βαπτισμός, plunging/immersion (a religious ceremony)

Βλέπετε!

ἐστὲ ...
πεπληρωμένοι

ὅς: Χριστός
ἐν ᾧ: ἐν Χριστῷ

περιτομή ⟷
ἀκροβυστία

ἀπέκδυσις

συνταφῆναι

ὑμᾶς νεκροὺς ὄντας: An adverbial temporal construction

ἐν ᾧ καὶ συνηγέρθητε[1] διὰ τῆς πίστεως τῆς ἐνεργείας τοῦ Θεοῦ τοῦ ἐγείραντος αὐτὸν ἐκ νεκρῶν· 13 Καὶ ὑμᾶς νεκροὺς ὄντας ἐν τοῖς παραπτώμασιν[2] καὶ τῇ ἀκροβυστίᾳ[3] τῆς σαρκὸς ὑμῶν, συνεζωοποίησεν[4] ὑμᾶς σὺν αὐτῷ, χαρισάμενος[5] ἡμῖν πάντα τὰ παραπτώματα. 14 ἐξαλείψας[6] τὸ καθ᾽ ἡμῶν χειρόγραφον[7] τοῖς

ἐξαλείψαι

δόγμασιν[8] ὃ ἦν ὑπεναντίον[9] ἡμῖν, καὶ αὐτὸ ἦρκεν ἐκ τοῦ μέσου προσηλώσας[10] αὐτὸ τῷ σταυρῷ· 15 ἀπεκδυσάμενος[11] τὰς ἀρχὰς καὶ τὰς ἐξουσίας ἐδειγμάτισεν[12] ἐν παρρησίᾳ,[13] θριαμβεύσας[14] αὐτοὺς ἐν αὐτῷ.

προσηλῶσαι

θριαμβεῦσαι

---

1 συνεγερθῆναι, AOR PASS IND 2P, raise with
2 παράπτωμα, sin/trespass
3 ἀκροβυστία, uncircumcision
4 συζωοποιῆσαι, AOR ACT IND 3S, make alive together with
5 χαρίσασθαι, AOR MID PART NOM M S, forgive/show pardon
6 ἐξαλείψαι, AOR ACT PART NOM M S, wipe away/destroy
7 χειρόγραφον, record of debts
8 δόγμα, command/ordinance
9 ὑπεναντίος, opposed/hostile
10 προσηλῶσαι, AOR ACT PART NOM M S, nail to
11 ἀπεκδύσασθαι, AOR MID PART NOM M S, disarm
12 δειγματίσαι, AOR ACT IND 3S, make a display of
13 παρρησία, confidence/boldness
14 θριαμβεῦσαι, AOR ACT PART NOM M S, triumph over (lead in triumphal procession)

16 Μὴ οὖν τις ὑμᾶς κρινέτω ἐν βρώσει[1] καὶ ἐν πόσει[2] ἢ ἐν μέρει[3] ἑορτῆς[4] ἢ νεομηνίας[5] ἢ σαββάτων· 17 ἅ ἐστιν σκιὰ[6] τῶν μελλόντων, τὸ δὲ σῶμα τοῦ Χριστοῦ. 18 μηδεὶςὑμᾶςκαταβραβευέτω[7]θέλωνἐνταπεινοφροσύνη[8] καὶ θρησκείᾳ[9] τῶν ἀγγέλων, ἃ ἑόρακεν ἐμβατεύων,[10] εἰκῇ[11] φυσιούμενος[12] ὑπὸ τοῦ νοὸς[13] τῆς σαρκὸς αὐτοῦ,

Μὴ κρινέτω!

ταπεινοφροσύνη
⟷ φυσιοῦν

φυσιοῦν

19 καὶ οὐ κρατῶν[14] τὴν Κεφαλήν, ἐξ οὗ πᾶν τὸ σῶμα διὰ τῶν ἁφῶν[15] καὶ συνδέσμων[16] ἐπιχορηγούμενον[17] καὶ συμβιβαζόμενον αὔξει τὴν αὔξησιν[18] τοῦ Θεοῦ.

κρατεῖν

---

1 βρῶσις, food
2 πόσις, drink
3 μέρος, part/share
4 ἑορτή, feast/festival
5 νεομηνία, new moon
6 σκιά, shadow
7 καταβραβεύειν, PRES ACT IMP 3S, condemn
8 ταπεινοφροσύνη, humility
9 θρησκεία, religion/worship
10 ἐμβατεύειν, PRES ACT PART NOM M S, go into detail
11 εἰκῇ, no purpose/without cause
12 φυσιοῦν, PRES PASS PART NOM M S, puff up/make proud
13 νοῦς, mind
14 κρατεῖν, PRES ACT PART NOM M S, seize/hold
15 ἁφή, ligament
16 σύνδεσμος, bond/fetter
17 ἐπιχορηγεῖσθαι, PRES PASS PART NOM N S, supply/provide
18 αὔξησις, growth

τί...? Why...?

ἄψασθαι: θιγεῖν
Μὴ ἅψῃ! Μὴ θίγῃς!

γεύσασθαι
Μὴ γεύσῃ!

ἅτινά: τὰ
ἐντάλματα καὶ
διδασκαλίας τῶν
ἀνθρώπων

φρονεῖτε!
μὴ . . . (φρονεῖτε!)
Implied negative IMP

20 Εἰ ἀπεθάνετε σὺν Χριστῷ ἀπὸ τῶν στοιχείων τοῦ κόσμου, τί ὡς ζῶντες ἐν κόσμῳ δογματίζεσθε;[1] 21 Μὴ ἅψῃ[2] μηδὲ γεύσῃ[3] μηδὲ θίγῃς,[4] 22 ἅ ἐστιν πάντα εἰς φθορὰν[5] τῇ ἀποχρήσει,[6] κατὰ τὰ ἐντάλματα[7] καὶ διδασκαλίας[8] τῶν ἀνθρώπων, 23 ἅτινά ἐστιν λόγον μὲν ἔχοντα σοφίας ἐν ἐθελοθρησκίᾳ[9] καὶ ταπεινοφροσύνῃ καὶ ἀφειδίᾳ[10] σώματος, οὐκ ἐν τιμῇ τινι πρὸς πλησμονὴν[11] τῆς σαρκός.

3 Εἰ οὖν συνηγέρθητε τῷ Χριστῷ, τὰ ἄνω[12] ζητεῖτε, οὗ[13] ὁ Χριστός ἐστιν ἐν δεξιᾷ τοῦ Θεοῦ καθήμενος· 2 τὰ ἄνω φρονεῖτε,[14] μὴ τὰ ἐπὶ τῆς γῆς. 3 ἀπεθάνετε γάρ καὶ ἡ

φρονεῖν

---

1 δογματίζεσθαι, PRES PASS IND 2P, obligate
2 ἅψασθαι, AOR MID SUB 2S, touch/handle
3 γεύσασθαι, AOR MID SUB 2S, taste
4 θιγεῖν, AOR ACT SUB 2S, touch
5 φθορά, corruption, destruction
6 ἀπόχρησις, consuming
7 ἔνταλμα, commandment
8 διδασκαλία, instruction
9 ἐθελοθρησκία, self-made religion
10 ἀφειδία, sparing very little for
11 πλησμονή, indulgence/satisfaction
12 ἄνω, above
13 οὗ, where
14 φρονεῖν, PRES ACT IMP 2P, think/set one's mind on

ζωὴ ὑμῶν κέκρυπται[1] σὺν τῷ Χριστῷ ἐν τῷ Θεῷ· 4 ὅταν ὁ Χριστὸς φανερωθῇ, ἡ ζωὴ ὑμῶν, τότε καὶ ὑμεῖς σὺν αὐτῷ φανερωθήσεσθε ἐν δόξῃ.

5 Νεκρώσατε[2] οὖν τὰ μέλη[3] τὰ ἐπὶ τῆς γῆς, πορνείαν[4] ἀκαθαρσίαν[5] πάθος[6] ἐπιθυμίαν[7] κακήν, καὶ τὴν πλεονεξίαν,[8] ἥτις ἐστὶν εἰδωλολατρία,[9] 6 δι᾽ ἃ ἔρχεται ἡ ὀργὴ[10] τοῦ Θεοῦ ἐπὶ τοὺς υἱοὺς τῆς ἀπειθείας.[11] 7 ἐν οἷς καὶ ὑμεῖς περιεπατήσατέ ποτε, ὅτε ἐζῆτε ἐν τούτοις· 8 νυνὶ δὲ ἀπόθεσθε[12] καὶ ὑμεῖς τὰ πάντα, ὀργήν, θυμόν,[13] κακίαν,[14] βλασφημίαν,[15] αἰσχρολογίαν[16] ἐκ τοῦ στόματος

ὀργή: θυμός

ὅταν + SUB

Νεκρώσατε!

ἥτις: πλεονεξία

ἃ: πορνείαν ἀκαθαρσίαν...

ποτε . . . νυνὶ

ἀπόθεσθε!

---

1 κεκρύφθαι, PERF PASS IND 3S, hide
2 νεκρῶσαι, AOR ACT IMP 2P, put to death
3 μέλος, member
4 πορνεία, sexual immorality
5 ἀκαθαρσία, impurity/uncleanness
6 πάθος, passion
7 ἐπιθυμία, desire/lust
8 πλεονεξία, greediness
9 εἰδωλολατρία, idolatry
10 ὀργή, wrath
11 ἀπείθεια, disobedience
12 ἀποθέσθαι, AOR MID IMP 2P, take off
13 θυμός, anger/wrath
14 κακία, wickedness/malice
15 βλασφημία, blasphemy
16 αἰσχρολογία, abusive language/obscene speech

ψεύδεσθαι

Μὴ ψεύδεσθε!

νέος ⟷ παλαιός

ἀποθέσθαι ⟷ ἐνδύσασθαι

δοῦλος ⟷ ἐλεύθερος

Ἐνδύσασθε!

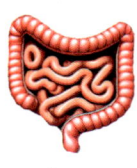

σπλάγχνα

ὑμῶν· 9 Μὴ ψεύδεσθε[1] εἰς ἀλλήλους, ἀπεκδυσάμενοι τὸν παλαιὸν[2] ἄνθρωπον σὺν ταῖς πράξεσιν[3] αὐτοῦ 10 καὶ ἐνδυσάμενοι[4] τὸν νέον[5] τὸν ἀνακαινούμενον[6] εἰς ἐπίγνωσιν κατ᾽ εἰκόνα τοῦ κτίσαντος[7] αὐτόν, 11 ὅπου οὐκ ἔνι[8] Ἕλλην[9] καὶ Ἰουδαῖος, περιτομὴ καὶ ἀκροβυστία, βάρβαρος,[10] Σκύθης,[11] δοῦλος, ἐλεύθερος,[12] ἀλλὰ τὰ πάντα καὶ ἐν πᾶσιν Χριστός.

12 Ἐνδύσασθε οὖν, ὡς ἐκλεκτοὶ[13] τοῦ Θεοῦ ἅγιοι καὶ ἠγαπημένοι, σπλάγχνα[14] οἰκτιρμοῦ[15] χρηστότητα[16] ταπεινοφροσύνην πραΰτητα[17] μακροθυμίαν, 13

1 ψεύδεσθαι, PRES MID IMP 2P, lie
2 παλαιός, old
3 πρᾶξις, act/deed
4 ἐνδύσασθαι, AOR MID PART NOM M P, clothe oneself/put on
5 νέος, new
6 ἀνακαινοῦσθαι, PRES PASS PART ACC M S, renew
7 κτίσαι, AOR ACT PART GEN M S, create
8 ἔνι, there is
9 Ἕλλην, Greek
10 βάρβαρος, Barbarian
11 Σκύθης, Scythian
12 ἐλεύθερος, free
13 ἐκλεκτός, chosen/elect
14 σπλάγχνα, bowels (metaphor for "heart")
15 οἰκτιρμός, compassion/pity
16 χρηστότης, goodness/kindness
17 πραΰτης, gentleness/humility

ἀνεχόμενοι[1] ἀλλήλων καὶ χαριζόμενοι ἑαυτοῖς ἐάν τις πρός τινα ἔχῃ μομφήν·[2] καθὼς καὶ ὁ Κύριος ἐχαρίσατο ὑμῖν, οὕτως καὶ ὑμεῖς· 14 ἐπὶ πᾶσιν δὲ τούτοις τὴν

μομφή

ἀνέχεσθαι

ἀγάπην, ὅ ἐστιν σύνδεσμος τῆς τελειότητος.[3] 15 καὶ ἡ εἰρήνη τοῦ Χριστοῦ βραβευέτω[4] ἐν ταῖς καρδίαις ὑμῶν, εἰς ἣν καὶ ἐκλήθητε ἐν ἑνὶ σώματι· καὶ εὐχάριστοι[5] γίνεσθε. 16 Ὁ λόγος τοῦ Χριστοῦ ἐνοικείτω[6] ἐν ὑμῖν πλουσίως.[7] ἐν πάσῃ σοφίᾳ διδάσκοντες καὶ νουθετοῦντες ἑαυτούς, ψαλμοῖς[8] ὕμνοις[9] ᾠδαῖς[10] πνευματικαῖς ἐν τῇ χάριτι ᾄδοντες[11] ἐν ταῖς καρδίαις ὑμῶν τῷ Θεῷ· 17 καὶ πᾶν ὅ τι ἐὰν ποιῆτε ἐν λόγῳ ἢ ἐν ἔργῳ, πάντα ἐν ὀνόματι Κυρίου Ἰησοῦ, εὐχαριστοῦντες

3P IMP:
βραβευέτω!
"Let peace rule"
ἐνοικείτω!
"Let the word dwell"

ἐνοικεῖν:
ἐν + οικεῖν

ᾄδειν < ᾠδή

ἐὰν + SUB

---

1 ἀνέχεσθαι, PRES MID PART NOM M P, endure/bear with
2 μομφή, complaint
3 τελειότης, perfection/maturity
4 βραβεύειν, PRES ACT IMP 3S, rule/control
5 εὐχάριστος, thankful
6 ἐνοικεῖν, PRES ACT IMP 3S, dwell in
7 πλουσίως, richly/abundantly
8 ψαλμός, song of praise
9 ὕμνος, song of praise
10 ᾠδή, song
11 ᾄδειν, PRES ACT PART NOM M P, sing

πικραίνεσθαι

γονεῖς = πατήρ/
μήτηρ

ὑποτάσσεσθε!
ἀγαπᾶτε!
μὴ πικραίνεσθε!
ὑπακούετε!
μὴ ἐρεθίζετε!

ἀθυμεῖν

κύριος ⟷ δοῦλος

ἐργάζεσθε!
ἐργάζεσθαι: κοπιᾶν

τῷ Θεῷ Πατρὶ δι᾽ αὐτοῦ.

18 Αἱ γυναῖκες, ὑποτάσσεσθε¹ τοῖς ἀνδράσιν ὡς ἀνῆκεν² ἐν Κυρίῳ. 19 Οἱ ἄνδρες, ἀγαπᾶτε τὰς γυναῖκας καὶ μὴ πικραίνεσθε³ πρὸς αὐτάς. 20 Τὰ τέκνα, ὑπακούετε⁴ τοῖς γονεῦσιν⁵ κατὰ πάντα, τοῦτο γὰρ εὐάρεστόν⁶ ἐστιν ἐν Κυρίῳ. 21 Οἱ πατέρες, μὴ ἐρεθίζετε⁷ τὰ τέκνα ὑμῶν, ἵνα μὴ ἀθυμῶσιν.⁸

ἐρεθίζειν

22 Οἱ δοῦλοι, ὑπακούετε κατὰ πάντα τοῖς κατὰ σάρκα κυρίοις, μὴ ἐν ὀφθαλμοδουλίαις⁹ ὡς ἀνθρωπάρεσκοι,¹⁰ ἀλλ᾽ ἐν ἁπλότητι¹¹ καρδίας φοβούμενοι τὸν Κύριον. 23 Ὃ ἐὰν ποιῆτε, ἐκ ψυχῆς ἐργάζεσθε¹² ὡς τῷ Κυρίῳ καὶ οὐκ

---

1 ὑποτάσσεσθαι, PRES MID IMP 2P, subject
2 ἀνήκειν, IMPF ACT IND 3S, it is proper/fitting
3 πικραίνεσθαι, PRES PASS IMP 2P, make bitter
4 ὑπακούειν, PRES ACT IMP 2P, obey
5 γονεύς, parent
6 εὐάρεστος, pleasing/acceptable
7 ἐρεθίζειν, PRES ACT IMP 2P, arouse/provoke
8 ἀθυμεῖν, PRES ACT SUB 3P, be discouraged/lose heart
9 ὀφθαλμοδουλία, eye service
10 ἀνθρωπάρεσκος, people pleaser
11 ἁπλότης, sincerity
12 ἐργάζεσθαι, PRES MID IMP 2P, work

ἀνθρώποις, 24 εἰδότες ὅτι ἀπὸ Κυρίου ἀπολήμψεσθε[1] τὴν ἀνταπόδοσιν[2] τῆς κληρονομίας.[3] τῷ Κυρίῳ Χριστῷ δουλεύετε· 25 ὁ γὰρ ἀδικῶν[4] κομίσεται[5] ὃ ἠδίκησεν, καὶ οὐκ ἔστιν προσωπολημψία.[6]

4 Οἱ κύριοι, τὸ δίκαιον καὶ τὴν ἰσότητα[7] τοῖς δούλοις παρέχεσθε,[8] εἰδότες ὅτι καὶ ὑμεῖς ἔχετε Κύριον ἐν οὐρανῷ. 2 Τῇ προσευχῇ[9] προσκαρτερεῖτε,[10] γρηγοροῦντες[11] ἐν αὐτῇ ἐν εὐχαριστίᾳ, 3 προσευχόμενοι ἅμα[12] καὶ περὶ ἡμῶν, ἵνα ὁ Θεὸς ἀνοίξῃ ἡμῖν θύραν[13] τοῦ λόγου λαλῆσαι τὸ μυστήριον τοῦ Χριστοῦ, δι᾽ ὃ καὶ δέδεμαι,[14] 4 ἵνα φανερώσω αὐτὸ ὡς δεῖ με λαλῆσαι. 5

εἰδότες (PERF ACT PART; εἰδέναι)

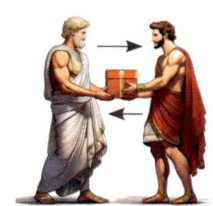

ἀπολαμβάνεσθαι

δουλεύετε!
παρέχεσθε!
προσκαρτερεῖτε!

θύρα

δεῖ + ACC + INF:
1) δεῖ με λαλῆσαι
2) δεῖ ὑμᾶς ἀποκρίνεσθαι

δέδεσθαι

---

1 ἀπολαμβάνεσθαι, FUT MID IND 2P, receive/get back
2 ἀνταπόδοσις, reward
3 κληρονομία, inheritance
4 ἀδικεῖν, PRES ACT PART NOM M S, harm/do wrong
5 κομίσεσθαι, FUT MID IND 3S, get back/receive back
6 προσωπολημψία, partiality
7 ἰσότης, fairness/equality
8 παρέχεσθαι, PRES MID IMP 2P, cause/make happen
9 προσευχή, prayer
10 προσκαρτερεῖν, PRES ACT IMP 2P, be devoted to
11 γρηγορεῖν, PRES ACT PART NOM M P, be alert
12 ἅμα, at the same time
13 θύρα, door
14 δέδεσθαι, PERF PASS IND 1S, tie/bind

περιπατεῖτε!

ἅλατι:
DAT of instrument

Ἐν σοφίᾳ περιπατεῖτε πρὸς τοὺς ἔξω τὸν καιρὸν ἐξαγοραζόμενοι.[1] 6 ὁ λόγος ὑμῶν πάντοτε ἐν χάριτι, ἅλατι[2] ἠρτυμένος,[3] εἰδέναι πῶς δεῖ ὑμᾶς ἑνὶ ἑκάστῳ ἀποκρίνεσθαι.

ἅλας →

ἠρτύσθαι

τὰ περὶ ἡμῶν:
The "things" about us (i.e. our business)

συναιχμάλωτος

7 Τὰ κατ᾽ ἐμὲ πάντα γνωρίσει ὑμῖν Τυχικὸς[4] ὁ ἀγαπητὸς ἀδελφὸς καὶ πιστὸς διάκονος καὶ σύνδουλος ἐν Κυρίῳ, 8 ὃν ἔπεμψα πρὸς ὑμᾶς εἰς αὐτὸ τοῦτο, ἵνα γνῶτε τὰ περὶ ἡμῶν καὶ παρακαλέσῃ τὰς καρδίας ὑμῶν, 9 σὺν Ὀνησίμῳ[5] τῷ πιστῷ καὶ ἀγαπητῷ ἀδελφῷ, ὅς ἐστιν ἐξ ὑμῶν· πάντα ὑμῖν γνωρίσουσιν τὰ ὧδε. 10 Ἀσπάζεται ὑμᾶς Ἀρίσταρχος[6] ὁ συναιχμάλωτός[7] μου καὶ Μᾶρκος[8] ὁ ἀνεψιὸς[9] Βαρνάβα[10] περὶ οὗ ἐλάβετε ἐντολάς, ἐὰν

---

1 ἐξαγοράζεσθαι, PRES MID PART NOM M S, redeem
2 ἅλας, salt
3 ἠρτύσθαι, PERF PASS PART NOM M S, (to) season
4 Τυχικός, Tychicus
5 Ὀνήσιμος, Onesimus
6 Ἀρίσταρχος, Aristarchus
7 συναιχμάλωτος, fellow prisoner
8 Μᾶρκος, Mark
9 ἀνεψιός, cousin
10 Βαρναβᾶς, Barnabas

ἔλθῃ πρὸς ὑμᾶς, δέξασθε αὐτόν 11 καὶ Ἰησοῦς ὁ λεγόμενος Ἰοῦστος,[1] οἱ ὄντες ἐκ περιτομῆς, οὗτοι μόνοι συνεργοὶ[2] εἰς τὴν βασιλείαν τοῦ Θεοῦ, οἵτινες ἐγενήθησάν μοι παρηγορία.[3] 12 Ἀσπάζεται ὑμᾶς Ἐπαφρᾶς ὁ ἐξ ὑμῶν, δοῦλος Χριστοῦ Ἰησοῦ, πάντοτε ἀγωνιζόμενος ὑπὲρ ὑμῶν ἐν ταῖς προσευχαῖς, ἵνα σταθῆτε τέλειοι καὶ πεπληροφορημένοι[4] ἐν παντὶ θελήματι τοῦ Θεοῦ. 13 μαρτυρῶ γὰρ αὐτῷ ὅτι ἔχει πολὺν πόνον[5] ὑπὲρ ὑμῶν καὶ τῶν ἐν Λαοδικείᾳ καὶ τῶν ἐν Ἱεραπόλει.[6] 14 Ἀσπάζεται ὑμᾶς Λουκᾶς[7] ὁ ἰατρὸς[8] ὁ ἀγαπητὸς καὶ Δημᾶς.[9]

15 Ἀσπάσασθε τοὺς ἐν Λαοδικείᾳ ἀδελφοὺς καὶ Νύμφαν[10] καὶ τὴν κατ᾽ οἶκον αὐτῆς ἐκκλησίαν.

δέξασθε!

παρηγορία

πόνος: κοπιᾶν/ ἐργάζεσθαι

Ἀσπάσασθε!

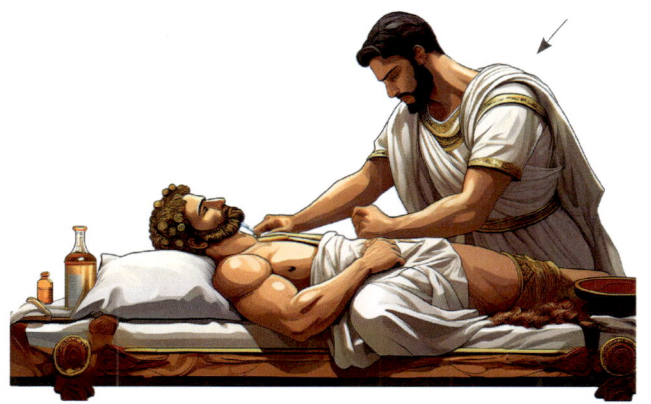

ἰατρός

---

1 Ἰοῦστος, Justus
2 συνεργός, co-worker
3 παρηγορία, comfort
4 πεπληροφορηκέναι, PERF PASS PART NOM M P, convince fully
5 πόνος, hard labor/toil
6 Ἱεράπολις, Heiropolis
7 Λουκᾶς, Luke
8 ἰατρός, physician
9 Δημᾶς, Demas
10 Νύμφαν, Nympha

ἐπιστολή

ἥν: τὴν διακονίαν

ποιήσατε!
εἴπατε!
Βλέπε!
Μνημονεύετέ!

ἀναγνωσθῆναι

16 Καὶ ὅταν ἀναγνωσθῇ[1] παρ᾽ ὑμῖν ἡ ἐπιστολή,[2] ποιήσατε ἵνα καὶ ἐν τῇ Λαοδικέων[3] ἐκκλησίᾳ ἀναγνωσθῇ, καὶ τὴν ἐκ Λαοδικείας ἵνα καὶ ὑμεῖς ἀναγνῶτε. 17 Καὶ εἴπατε Ἀρχίππῳ·[4] Βλέπε τὴν διακονίαν[5] ἣν παρέλαβες ἐν Κυρίῳ, ἵνα αὐτὴν πληροῖς.

18 Ὁ ἀσπασμὸς[6] τῇ ἐμῇ χειρὶ Παύλου. Μνημονεύετέ[7] μου τῶν δεσμῶν.[8] Ἡ χάρις μεθ᾽ ὑμῶν.

---

1 ἀναγνωσθῆναι, AOR PASS SUB 3S, read
2 ἐπιστολή, letter
3 Λαοδικεύς, Laodicean
4 Ἄρχιππος, Archippus
5 διακονία, ministry/service
6 ἀσπασμός, greeting
7 μνημονεύειν, PRES ACT IMP 2P, remember
8 δεσμός, bond/fetter

Picture Dictionary

πατήρ

προσεύχεσθαι

ἀκοῦσαι

ἀγάπη

ἀπόκεισθαι

οὐρανοί

1.6

κόσμος

1.6

καρποφορεῖσθαι

1.6

αὐξάνεσθαι

1.7

μαθεῖν

1.7

σύνδουλος

1.9

αἰτεῖσθαι

1.9

πληρωθῆναι

1.10

περιπατῆσαι

1.11

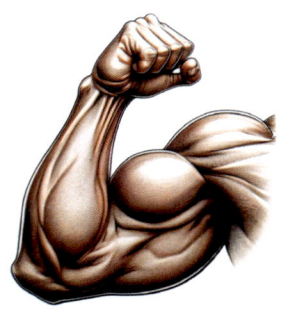

κράτος

1.11

χαρά

1.12/1.13

φῶς/σκότος

1.13

ῥύσασθαι

1.13

βασιλεία

1.15

εἰκών

1.16

γῆ

1.16

θρόνος

1.18

κεφαλή

1.18

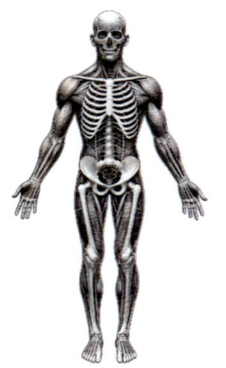

σῶμα

1.18

νεκρός

1.20

ἀποκαταλλάξαι

1.20

αἷμα

1.20

σταυρός

1.21

ἀπηλλοτρίωσθαι

1.21

ἐχθρός

1.24

ἀνταναπληροῦν

1.26

ἀποκεκρύφθαι

1.26

φανερωθῆναι

1.27

πλοῦτος: θησαυρός

1.28

καταγγέλλειν

1.28

νουθετεῖν

1.28

διδάσκειν

1.29

κοπιᾶν

1.29

ἀγωνίζεσθαι > ἀγών

2.1

πρόσωπον

2.2

καρδία

2.2

συμβιβασθῆναι

2.4

πιθανολογία

2.6

παραλαβεῖν

2.7

ἐρριζῶσθαι

2.7

ἐποικοδομεῖσθαι

2.8

συλαγωγεῖν

2.11

ἀπέκδυσις

2.12

συνταφῆναι

2.14

ἐξαλεῖψαι

2.14

προσηλῶσαι

2.15

δειγματίσαι

2.15

θριαμβεῦσαι

2.16

κρίνειν

2.16

βρῶσις

2.16

πόσις

2.16

ἑορτή

2.17

σκιά

2.19

κρατεῖν

2.19

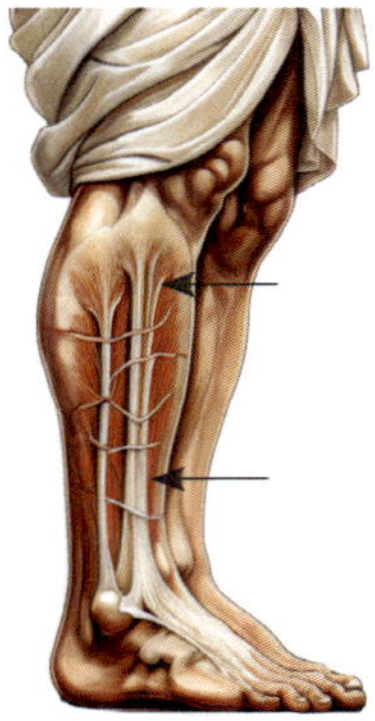

ἀφή

2.19

σύνδεσμος

2.19

αὔξησις
See αὐξάνεσθαι 1.6

2.21

ἅψασθαι: θιγεῖν

2.21

γεύσασθαι

3.1

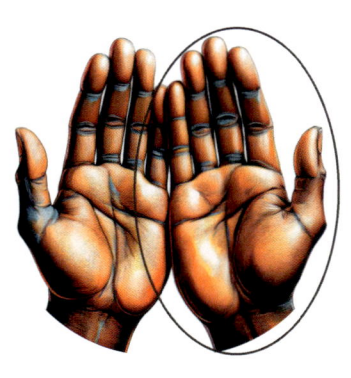

δεξιά

3.1

καθῆσθαι

ἄνω

φρονεῖν

νεκρῶσαι

ὀργή: θυμός

στόμα

ψεύδεσθαι

3.9

παλαιός

3.11

δοῦλος

3.12

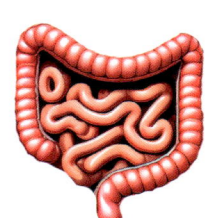

σπλάγχνα

3.13

μομφή

3.13

ἀνέχεσθαι

3.16

ψαλμός, ὕμνος, ᾠδή

3.16

ᾄδειν

3.18

γυνή

3.19

ἀνήρ

3.19

πικραίνεσθαι

3.20

τέκνον

3.20

γονεύς

3.21

ἐρεθίζειν

3.21

ἀθυμεῖν

3.22

φοβεῖσθαι

3.24

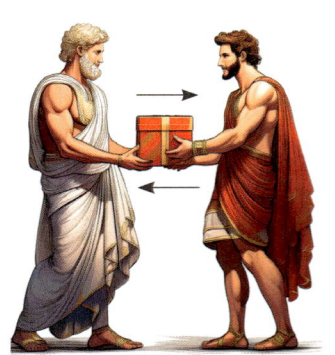

ἀπολαμβάνεσθαι

4.2

γρηγορεῖν

4.3

θύρα

ἀνοῖξαι

λαλῆσαι

δέδεσθαι

ἄλας

ἤρτυσθαι

παρακαλέσαι

4.10

Χαῖρε!

Ἀσπάζεσθαι

4.10

συναιχμάλωτος

4.11

παρηγορία

4.14

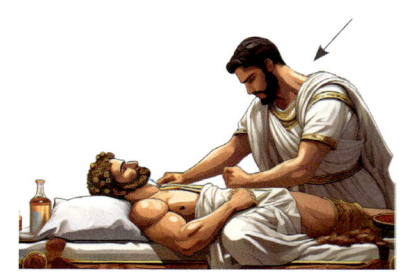

ἰατρός

4.16

ἀναγνωσθῆναι

4.16

ἐπιστολή

Glossary

Chapter 1

1.1 **Τιμόθεος**, Timothy

1.2 **Κολοσσαί**, Colossae

1.3 **εὐχαριστεῖν**, give thanks
   πάντοτε, always

1.5 **ἀπόκεισθαι**, reserve (a valuable object)
   προακοῦσαι, hear beforehand

1.6 **παρεῖναι**, be present
   καρποφορεῖσθαι, bear fruit
   αὐξάνεσθαι, grow/increase
   ἐπιγνῶναι, know

1.7 **μαθεῖν**, learn
   Ἐπαφρᾶς, Epaphras
   σύνδουλος, fellow slave
   διάκονος, servant

1.8 **δηλῶσαι**, reveal

1.9 **παύεσθαι**, cease/stop
   ἐπίγνωσις, knowledge
   σύνεσις, insight/understanding
   πνευματικός, spiritual

1.10 **ἀξίως**, worthily
   ἀρεσκεία, pleasing

1.11 **δυναμοῦσθαι**, enable
   κράτος, might
   ὑπομονή, steadfastness
   μακροθυμία, patience

1.12 **ἱκανῶσαι**, qualify, make sufficient
   μερίς, share, portion
   κλῆρος, portion, share

1.13 **ῥύσασθαι**, to rescue, deliver
   σκότος, darkness
   μεταστῆσαι, remove

1.14 **ἀπολύτρωσις**, redemption
   ἄφεσις, forgiveness/pardon

1.15 **εἰκών**, image
   ἀόρατος, invisible/unseen
   πρωτότοκος, firstborn
   κτίσις, creation

1.16 **κτισθῆναι**, create
   ὁρατός, visible
   κυριότης, lordship/authority/dominion

1.17 **πρό**, before
   συνεστάναι, endure, hold together

1.18 **πρωτότοκος**, firstborn
   πρωτεύειν, be first

1.19 **εὐδοκῆσαι**, be pleased
   πλήρωμα, fullness
   κατοικῆσαι, dwell/live

1.20 **ἀποκαταλλάξαι**, reconcile
   εἰρηνοποιῆσαι, make peace
   σταυρός, cross

1.21 **ποτέ**, once/formerly
   ἀπηλλοτρίωσθαι, alienate/estrange
   ἐχθρός, enemy
   διάνοια, mind/disposition

1.22 **νυνί**, now
   παραστῆσαι, (to) present
   ἄμωμος, blameless
   ἀνέγκλητος, above reproach/blameless
   κατενώπιον, before (in front of)

1.23 **γέ**, indeed
   ἐπιμένειν, remain/stay
   τεθεμελίσθαι, establish
   ἑδραῖος, firm/steadfast
   μετακινεῖν, shift/remove

1.24 **πάθημα**, suffering
   ἀνταναπληροῦν, fill up/supplement
   ὑστέρημα, lack

θλῖψις, affliction

1.25 οἰκονομία, stewardship/
administration

1.26 μυστήριον, mystery
ἀποκεκρύφθαι, hide
γενεά, generation
φανερωθῆναι, reveal/make known

1.27 γνωρίσαι, to make known
πλοῦτος, wealth/riches

1.28 καταγγέλλειν, proclaim
νουθετεῖν, admonish/instruct
τέλειος, perfect/complete

1.29 κοπιᾶν, toil/labor
ἀγωνίζεσθαι, struggle/fight
ἐνέργεια, working
ἐνεργεῖσθαι, work/be at work

Chapter 2

2.1 ἡλίκος, how great
ἀγών, struggle/fight
Λαοδίκεια, Laodicea

2.2 συμβιβασθῆναι, unite/hold together
πληροφορία, full assurance/
certainty

2.3 θησαυρός, treasure
γνῶσις, knowledge
ἀπόκρυφος, hidden

2.4 παραλογίζεσθαι, deceive/delude
πιθανολογία, persuasive speech

2.5 ἀπεῖναι, be absent
τάξις, order
στερέωμα, steadfastness

2.6 παραλαβεῖν, receive/take

2.7 ἐρριζῶσθαι, be firmly rooted
ἐποικοδομεῖσθαι, be built up/edify
βεβαιοῦσθαι, establish
περισσεύειν, abound
εὐχαριστία, thanksgiving/
thankfulness

2.8 συλαγωγεῖν, take captive

φιλοσοφία, philosophy
κενός, empty/vain
ἀπάτη, deception/deceitfulness
παράδοσις, tradition
στοιχεῖον, elements/elemental
spirits

2.9 θεότης, deity
σωματικῶς, bodily

2.11 περιτμηθῆναι, circumcise
περιτομή, circumcision
ἀχειροποίητος, not made by hand
ἀπέκδυσις, removal/stripping off

2.12 συνταφῆναι, bury with
βαπτισμός, plunging/immersion (a
religious ceremony)
συνεγερθῆναι, raise with

2.13 παράπτωμα, sin/trespass
ἀκροβυστία, uncircumcision
συζωοποιῆσαι, make alive
together with
χαρίσασθαι, forgive/show pardon

2.14 ἐξαλείψαι, wipe away/destroy
χειρόγραφον, record of debts
δόγμα, command/ordinance
ὑπεναντίος, opposed/hostile
προσηλώσαι, nail to

2.15 ἀπεκδύσασθαι, disarm
δειγματίσαι, make a display of
παρρησία, confidence/boldness
θριαμβεῦσαι, triumph over
(triumphal procession)

2.16 βρῶσις, food
πόσις, drink
μέρος, part/share
ἑορτή, feast/festival
νεομηνία, new moon

2.17 σκιά, shadow

2.18 καταβραβεύειν, condemn
ταπεινοφροσύνη, humility
θρησκεία, religion/worship
ἐμβατεύειν, go into detail

41

εἰκῇ, no purpose/without cause
φυσιοῦν, puff up/make proud
νοῦς, mind

2.19 κρατεῖν, seize/hold
άφή, ligament
σύνδεσμος, bond/fetter
έπιχορηγεῖσθαι, supply/provide
αὔξησις, growth

2.20 δογματίζεσθαι, obligate

2.21 ἅψασθαι, touch/handle
γεύσασθαι, taste
θιγεῖν, touch

2.22 φθορά, corruption, destruction
ἀπόχρησις, consuming
ἔνταλμα, commandment
διδασκαλία, instruction

2.23 ἐθελοθρησκία, self-made religion
ἀφειδία, sparing very little for
πλησμονή, indulgence/satisfaction

Chapter 3

3.1 ἄνω, above
οὗ, where

3.2 φρονεῖν, think/set one's mind on

3.3 κεκρύφθαι, hide

3.5 νεκρῶσαι, put to death
μέλος, member
πορνεία, sexual immorality
ἀκαθαρσία, impurity/uncleanness
πάθος, passion
ἐπιθυμία, desire/lust
πλεονεξία, greediness
εἰδωλολατρία, idolatry

3.6 ὀργή, wrath
ἀπείθεια, disobedience

3.8 ἀποθέσθαι, take off
θυμός, anger/wrath
κακία, wickedness/malice
βλασφημία, blasphemy

αἰσχρολογία, abusive language/
  obscene speech

3.9 ψεύδεσθαι, lie
παλαιός, old
πρᾶξις, act/deed

3.10 ἐνδύσασθαι, clothe oneself/put on
νέος, new
ἀνακαινοῦσθαι, renew
κτίσαι, create

3.11 ἔνι, there is
Ἕλλην, Greek
βάρβαρος, Barbarian
Σκύθης, Scythian
ἐλεύθερος, free

3.12 ἐκλεκτός, chosen/elect
σπλάγχνα, bowels (metaphor for
  "heart")
οἰκτιρμός, compassion/pity
χρηστότης, goodness/kindness
πραΰτης, gentleness/humility

3.13 ἀνέχεσθαι, endure/bear with
μομφή, complaint

3.14 τελειότης, perfection/maturity

3.15 βραβεύειν, rule/control
εὐχάριστος, thankful

3.16 ἐνοικεῖν, dwell in
πλουσίως, richly/abundantly
ψαλμός, song of praise
ὕμνος, song of praise
ᾠδή, song
ᾄδειν, sing

3.18 ὑποτάσσεσθαι, subject
ἀνήκειν, it is proper/fitting

3.19 πικραίνεσθαι, make bitter

3.20 ὑπακούειν, obey
γονεύς, parent
εὐάρεστος, pleasing/acceptable

3.21 ἐρεθίζειν, arouse/provoke
ἀθυμεῖν, be discouraged/lose heart

3.22 ὀφθαλμοδουλία, eye service

ἀνθρωπάρεσκος, people pleaser
ἁπλότης, sincerity

3.23 ἐργάζεσθαι, work
3.24 ἀπολαμβάνεσθαι, receive/get back
ἀνταπόδοσις, reward
κληρονομία, inheritance
3.25 ἀδικεῖν, harm/do wrong
κομίσεσθαι, get back/receive back
προσωπολημψία, partiality

Chapter 4

4.1 ἰσότης, fairness/equality
παρέχεσθαι, cause/make happen
4.2 προσευχή, prayer
προσκαρτερεῖν, be devoted to
γρηγορεῖν, be alert
4.3 ἅμα, at the same time
θύρα, door
δέδεσθαι, tie/bind
4.5 ἐξαγοράζεσθαι, redeem
4.6 ἅλας, salt
ἤρτυσθαι, (to) season
4.7 Τυχικός, Tychicus

4.9 Ὀνήσιμος, Onesimus
Ἀρίσταρχος, Aristarchus
4.10 συναιχμάλωτος, fellow prisoner
Μᾶρκος, Mark
ἀνεψιός, cousin
Βαρναβᾶς, Barnabas
4.11 Ἰοῦστος, Justus
συνεργός, co-worker
παρηγορία, comfort
4.12 πεπληροφορηκέναι, fulfill/
convince fully
4.13 πόνος, hard labor/toil
Ἱεράπολις, Heiropolis
4.14 Λουκᾶς, Luke
ἰατρός, physician
Δημᾶς, Demas
4.15 Νύμφαν, Nympha
4.16 ἀναγνωσθῆναι, read
ἐπιστολή, letter
Λαοδικεύς, Laodicean
4.17 Ἄρχιππος, Archippus
διακονία, ministry/service
4.18 ἀσπασμός, greeting
μνημονεύειν, remember
δεσμός, bond/fetter

Lingua Deo Gloria exists to serve the people of God by producing Biblical language materials for the global Church. These comprehensible input tools assist pastors and laymen in their study of the Scriptures. All of our works, including this book, are available for free PDF download at our website LinguaDeoGloria.com. Among these works are two children's picture books, one in Biblical Greek and one in Biblical Hebrew. We encourage families to download these books and print them off at home to enjoy learning Greek and Hebrew together. These books are also available to purchase at-cost on all major online book retailers (Amazon, Barnes and Noble, etc.).

FREE LIVE HEBREW INSTRUCTION

Another one of our free ministries is teaching Biblical Hebrew. Until we have a large enough base of donors, spots are limited. However, you may contact us at admin@ linguadeogloria.com to see if there are open spots in our 12-week, online Hebrew courses. Our courses generally align with college and university academic calendars. If you would like to see more slots open in the future for others, we welcome donations.

If you enjoy this book and find it to be helpful for you and others in learning Greek, we would be ever grateful if you considered financially partnering with us to support more works like these. You may give via our website's giving platform (LinguaDeoGloria.com) or via mail: 680 Church Rd, Collegeville, PA, 19426.

We release all of our products for free PDF download on our website and sell our printed books at-cost to keep prices as low as possible for Christians across the globe who want to learn the Word of God in its original languages. These free works take a substantial amount of time to complete. Your support will grant us more time producing these materials to be freely distrubuted to many across the globe. This will forever remain a free service to the Church of the Lord Jesus Christ.

If you desire to be up to date with materials that we are working on or find out about recently released projects, you may subscribe on our website to receive periodic email updates. These will not be spam emails. You will learn about everything that we are releasing for free to the public.

ERRORS AND CORRECTIONS

If you find any errors in this book, please contact us directly at our email address. We are happy to receive your feedback and make this book better for the global Church. Your partnership with us in the perfection of these works is valuable!

Sawyer Moranville received a Master's of Divinity from The Southern Baptist Theological Seminary in Louisville, Kentucky. After graduating, he moved to Jerusalem with his wife to study Classical and Modern Hebrew. There he received a Master's in Classical Hebrew through the Institute for Biblical Languages and Translation (now, The Whole Word Institute). Upon returning to the United States, he founded Lingua Deo Gloria Ministries, a 501(c)(3) non-profit dedicated to both producing free Biblical language materials for the global Church and freely teaching Biblical Hebrew to Christians both online and in-person. He also works for Graterford Bible Fellowship Church which is located in the Philadelphia Metro area.